Escrito e ilustrado por Caroline Arnold

Un día y una noche en el DESIERTO

PICTURE WINDOW BOOKS
a capstone imprint

6:00 A.M.

¡Toc-toc, toc-toc! ¡Toc-toc, toc-toc!

Amanece en el desierto de Sonora un día de primavera. Un pájaro carpintero hace un agujero en un cactus saguaro. Esta planta tan alta será un buen lugar para construirse el nido. Abajo, en el suelo, un coyote busca un lugar a la sombra para descansar.

Los saguaros son cactus que pueden alcanzar de 40 a 60 pies de altura (12–18 metros). Es la especie de cactus más alta de Estados Unidos.

Una liebre ve al coyote y escapa dando saltos con sus largas y fuertes patas.

9:00 A.M.

Una lagartija con la piel cubierta de escamas se calienta bajo el sol de la mañana. Cerca, un colibrí pasa zumbando y bebe néctar. Su largo pico encaja perfectamente en la flor. Arriba, en las pendientes rocosas, los borregos cimarrones mordisquean el pasto.

Un monstruo de Gila hambriento sale de su madriguera. Busca nidos con huevos o pequeños animales para comer. El monstruo de Gila mata a su presa con una mordida venenosa.

El monstruo de Gila puede vivir un año sin comer alimentándose solo de la grasa que almacena en la cola.

MEDIODÍA

Las sombras se acortan bajo el sol del mediodía. El suelo del desierto arde bajo el intenso calor. *¡Cuu, cuu!* canta el correcaminos. Corre tras una pequeña lagartija y la atrapa con el pico. El correcaminos se apura a volver a su nido para alimentar a sus crías.

Una tortuga del desierto busca flores, hojas y pasto. Su duro caparazón la mantiene fresca. La tortuga arranca las plantas con la boca y las mastica. Cuando termina de comer, regresa al entorno más fresco de su madriguera.

La tortuga del desierto obtiene casi toda el agua que necesita de lo que come. Puede vivir hasta un año entero sin beber agua.

3:00 P.M.

En la tarde, el aire del desierto es muy caliente. La mayoría de los animales evitan el sol. Pero parece que a la ardilla antílope no le importa. Corretea por el suelo del desierto recogiendo semillas, fruta e insectos. Usa la cola como una sombrilla para protegerse del sol.

La ardilla siempre está alerta ante las serpientes y otros depredadores. Un halcón cola roja vuela en círculos. Busca algo que comer. La ardilla ve al halcón y sale corriendo para resguardarse en su madriguera.

Las ardillas antílope suelen treparse a los cactus barril para comer los frutos. Nadie sabe cómo evitan picarse con las afiladas espinas del cactus.

6:00 P.M.

La luz del día se va apagando y el aire del desierto cada vez es más fresco. Los animales nocturnos salen a cazar y alimentarse. Los pecaríes se gruñen unos a otros mientras buscan raíces, frutas y semillas. Usan la nariz como una pala para desenterrar las raíces de cactus y otras plantas.

Los pecaríes también se llaman jabalíes. Viven en grupos, a veces de más de 20 animales.

Un nopal esconde una entrada a la guarida de las ratas cambalacheras. Las agudas espinas del cactus las protegen de los depredadores. Además, el fruto maduro del cactus es un buen alimento para ellas. Las ratas cambalacheras recolectan semillas, hojas, nopales de cactus y espinas, y las almacenan en su guarida.

9:00 P.M.

Las estrellas brillan en el cielo abierto del desierto. Un gato de cola anillada trepa por un cactus en busca de fruta madura. Los ratones salen de sus agujeros para recolectar semillas. Una serpiente de cascabel se desliza bajo una roca y se prepara para cazar. Puede sentir cómo vibra la tierra cuando los ratones se mueven.

¡Uuuu! ¡Uuuu! canta un búho. Aletea silenciosamente mientras busca ratas, ratones y otros animales pequeños. Los atrapa con sus garras afiladas y regresa a su nido con las presas.

La serpiente de cascabel inyecta veneno en sus presas con unos dientes huecos y puntiagudos llamados colmillos.

MEDIANOCHE

El ambiente frío de la medianoche está repleto de vida. Los murciélagos se lanzan en picada bajo el oscuro cielo. Unos persiguen insectos pequeños, otros beben néctar de las flores de los cactus.

Un oasis es un bebedero en el desierto.

¡Auuu! ¡Auuu! aúlla un coyote. Caza toda la noche en busca de alimentos, como insectos, lagartijas, ratones, frutos o lo que encuentre. Cuando el coyote halla un bebedero, se detiene a beber. Escorpiones y tarántulas andan cerca arrastrándose en busca de arañas e insectos para comer.

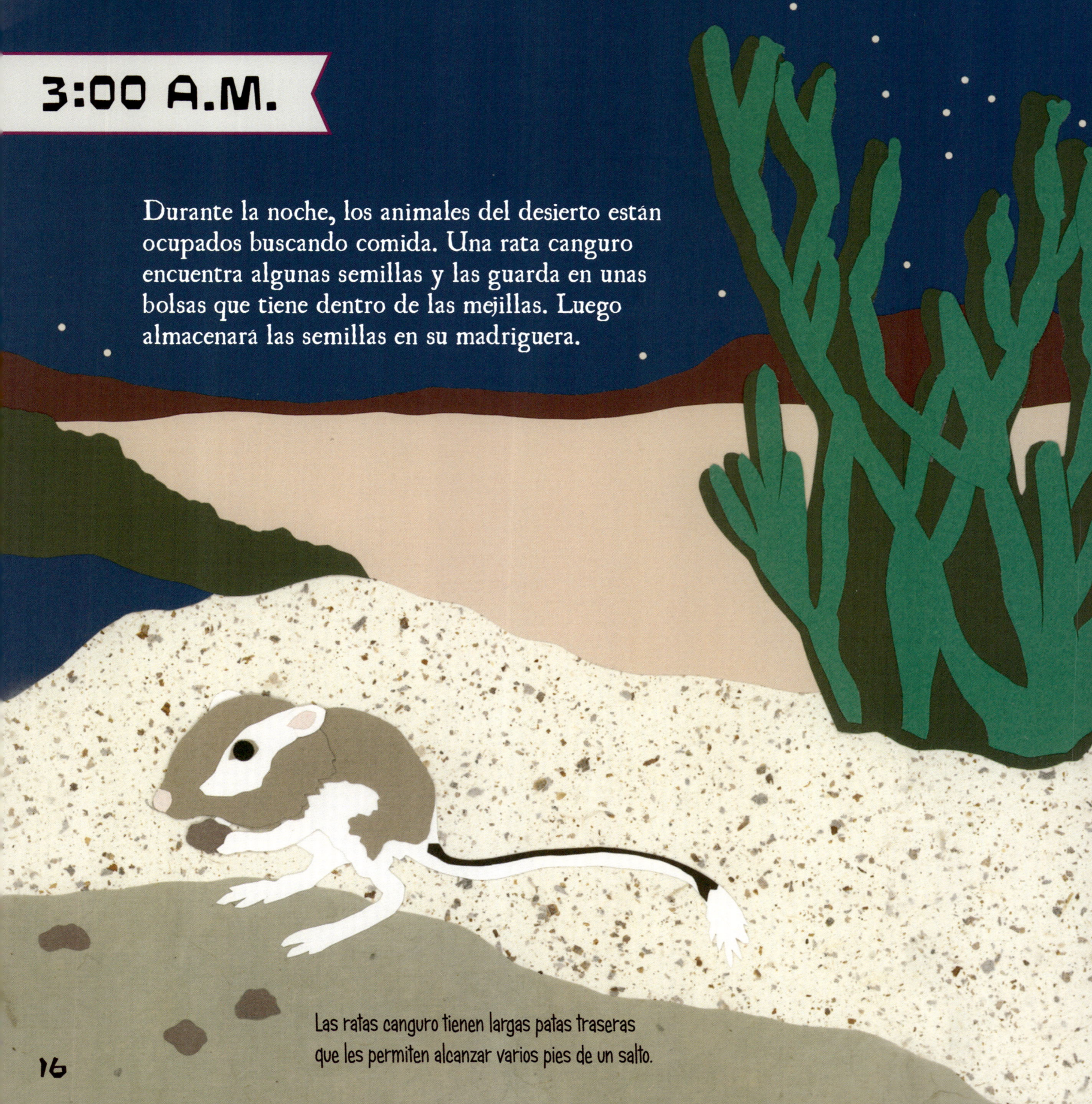

3:00 A.M.

Durante la noche, los animales del desierto están ocupados buscando comida. Una rata canguro encuentra algunas semillas y las guarda en unas bolsas que tiene dentro de las mejillas. Luego almacenará las semillas en su madriguera.

Las ratas canguro tienen largas patas traseras que les permiten alcanzar varios pies de un salto.

Un zorro norteño escucha con atención en busca de ratas y ratones. Sus largas orejas son capaces de oír los sonidos pequeños y agudos que hacen. El zorro norteño ve una rata canguro y salta. Pero, justo a tiempo, la rata canguro brinca y se salva.

6:00 A.M.

El cielo se ilumina y el sol se asoma por el horizonte. Los animales nocturnos se calman durante el día. Los búhos regresan a sus nidos, el zorro norteño vuelve a su madriguera y los pecaríes se acurrucan para dormir la siesta. Es hora de que los animales diurnos se despierten y empiecen un nuevo día. Las lagartijas entran en calor, las liebres encuentran hojas para mordisquear y las aves juntan alimento para sus crías.

Cada noche y cada día, los animales encuentran comida, agua y lugares seguros para descansar en el desierto. El desierto les provee todo lo que necesitan.

¿Qué es un desierto?

El desierto es un lugar seco que recibe menos de 10 pulgadas (25 centímetros) de lluvia al año. Hay cuatro desiertos principales en América del Norte: la Gran Cuenca, el Mojave, el de Chihuahua y el de Sonora.

El desierto de Sonora abarca parte de Arizona, California y los estados mexicanos de Baja California y Sonora. En verano, las temperaturas durante el día pueden alcanzar más de 110 grados Fahrenheit (43 grados Celsius). En invierno, la temperatura nocturna puede caer por debajo del punto de congelación. Las plantas y los animales que viven en el desierto de Sonora están adaptados a este clima extremo.

De día y de noche, los animales del desierto están ocupados. Los animales diurnos están activos durante el día y los animales nocturnos, durante la noche. En este libro, ¿cuáles son los animales diurnos? ¿Cuáles son nocturnos? ¿En qué parte del desierto viven?

¿Dónde hay desiertos?

Hay desiertos en todo el mundo. En unos hace calor y en otros hace frío. El desierto más grande del mundo es el Sahara, en África. Ocupa más de 3 millones de millas cuadradas (7.8 millones de kilómetros cuadrados). Solo una quinta parte de los desiertos son arenosos. La mayoría, incluyendo los de Estados Unidos, son rocosos o montañosos.

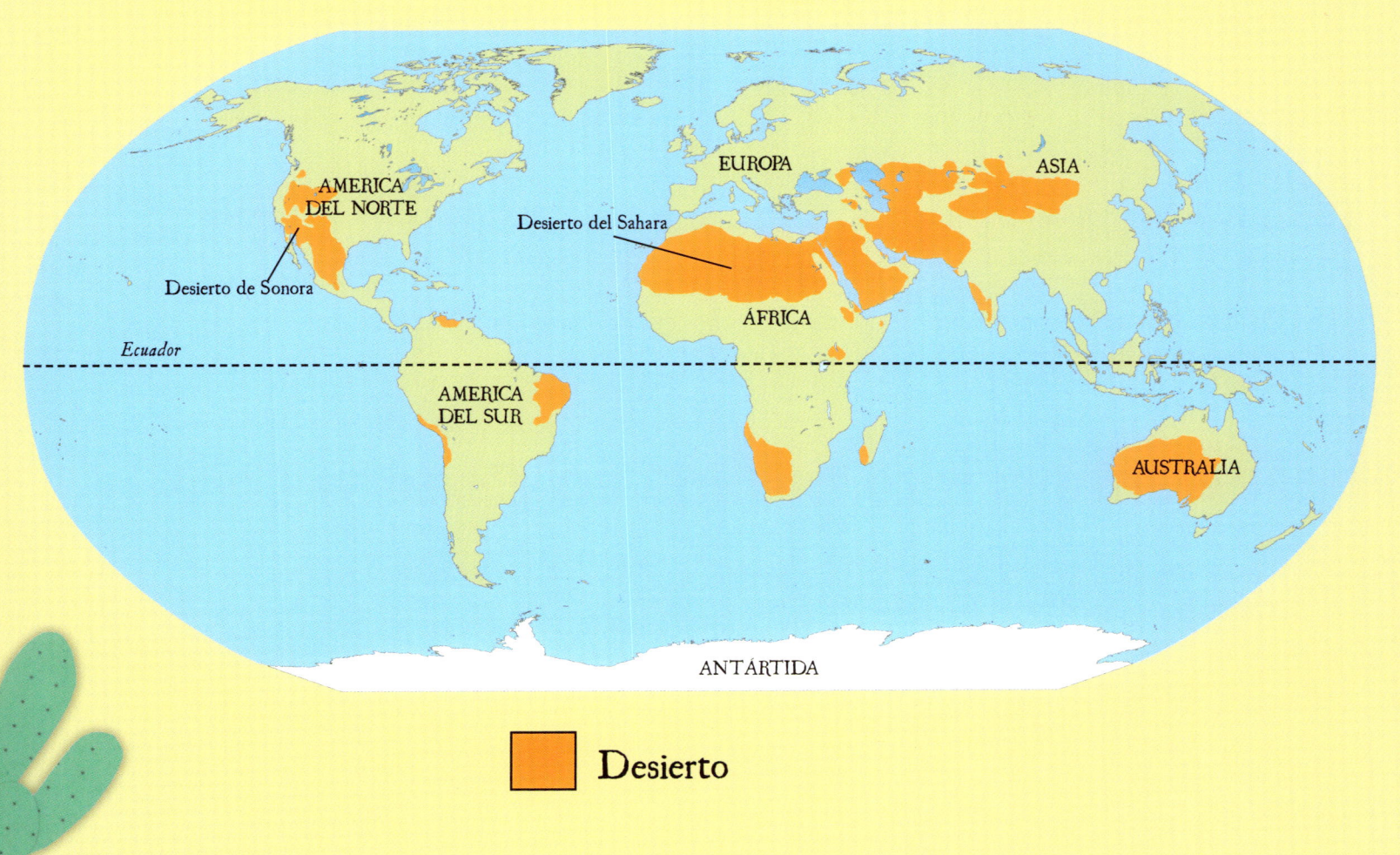

Datos curiosos

- Las grandes orejas de la liebre la ayudan a mantenerse fresca. La sangre que fluye por las orejas le permite eliminar el exceso de calor corporal.

- El monstruo de Gila es el único lagarto venenoso de Estados Unidos. Sus brillantes colores indican a los depredadores que se alejen.

- Un grueso abrigo protege a los borregos cimarrones del calor del sol del desierto durante el día, y los mantiene calientes durante la noche.

- Las tortugas del desierto excavan en el suelo agujeros poco profundos. Cuando llueve, estos agujeros se llenan de agua para que las tortugas beban.

- El correcaminos no suele volar, pero es capaz de correr a toda velocidad. Puede correr hasta 20 millas (32 kilómetros) por hora cuando persigue a una presa.

- Cuando los pecaríes sienten el peligro, tosen ruidosamente y producen un olor penetrante. Usan sus colmillos afilados como navajas para defenderse de los depredadores.

- Los escorpiones suelen enterrarse en la arena para evitar el calor del sol. La dura cubierta protectora del escorpión mantiene húmedo el interior de su cuerpo.

- Los zorros norteños tienen unos gruesos mechones de pelo en la parte inferior de sus patas para protegerse del suelo ardiente del desierto.

Pensamiento crítico basado en *Common Core*

1. Describe cómo se muestra el paso del tiempo en este libro. (Integración de conocimientos e ideas)
2. Nombra tres depredadores diurnos del desierto de Sonora y sus presas. Después nombra tres depredadores nocturnos y sus presas. (Ideas y detalles clave)

Glosario

adaptarse: cambiar para ajustarse a un ambiente nuevo o diferente

clima: tiempo atmosférico promedio de un lugar durante el año

depredador: animal que caza otros animales para alimentarse

diurno: activo durante el día

garra: parte larga y afilada de la pata de un ave

hábitat: hogar o medioambiente natural de un animal, planta o ser vivo

horizonte: línea donde parece que se juntan el cielo y la tierra o el mar

inyectar: meter

madriguera: túnel o agujero en el suelo que algunos animales hacen o usan como refugio

néctar: fluido dulce de muchas flores

nocturno: activo durante la noche

nopales: partes planas, con forma de raqueta, de cierto tipo de cactus, como el cactus de pera espinoso

presa: animal que es cazado por otro animal como alimento

venenoso: lleno de veneno, sustancia tóxica que se inyecta en la víctima al morder o picar

vibrar: moverse rápidamente de adelante hacia atrás

Otras lecturas recomendadas (en inglés)

Anderson, Sheila. *What Can Live in a Desert?* Animal Adaptations. Minneapolis: Lerner Publications, 2011.

Pattison, Darcy. *Desert Baths.* Mt. Pleasant, S.C.: Sylvan Dell Pub., 2012.

Rissman, Rebecca. *Living and Nonliving in the Desert.* Is It Living or Nonliving? Chicago: Capstone Raintree, 2014.

Slade, Suzanne. *What Eats What in a Desert Food Chain?* Food Chains. North Mankato, Minn.: Picture Window Books, 2013.

Índice

ardillas antílope, 8, 9
aves, 2, 4, 6, 8, 13, 18, 22
borregos cimarrones, 4, 22
cactus, 2, 9, 10, 11, 12, 14
coyotes, 2, 3, 15
de día, 2–10, 18, 19, 20, 22
de noche, 10–19, 20, 22
escorpiones, 15, 22
insectos, 14, 15
lagartijas, 4, 6, 15, 18
gatos de cola anillada, 12
liebres, 3, 18, 22

mapa, 21
monstruos de Gila, 5, 22
murciélagos, 14
pecaries, 10, 18, 22
ratas canguro, 16, 17
ratas cambalacheras, 11
ratones, 12, 13, 15, 17
serpientes de cascabel, 12, 13
tarántulas, 15
tortugas del desierto, 7, 22
zorros norteños, 17, 18, 22

Picture Window Books son publicaciones de Capstone,
1710 Roe Crest Drive, North Mankato, Minnesota 56003
www.capstonepub.com

Derechos de autor © 2021 por Caroline Arnold Todos los derechos reservados. Esta publicación no puede reproducirse en su totalidad ni en parte, ni almacenarse en un sistema de recuperación, ni transmitirse en ninguna forma ni por ningún medio, ya sea electrónico, mecánico, de fotocopiado, grabación u otro, sin permiso escrito del editor.

Los datos de CIP (Catalogación previa a la publicación, CIP) de la Biblioteca del Congreso se encuentran disponibles en el sitio web de la Biblioteca.
ISBN 9781666382594 (paperback)

Agradecemos a nuestros asesores por su experiencia, investigación y consejos:

Cecil R. Schwalbe, PhD, Wildlife y Fisheries Program
Universidad de Arizona, Tucson

Terry Flaherty, PhD, Catedrático de inglés
Minnesota State University, Mankato

Editora: Jill Kalz
Diseñadora: Lori Bye
Director de arte: Nathan Gassman
Especialista de producción: Kathy McColley
Las ilustraciones de este libro se hicieron con papel cortado.
Elementos de diseño: Shutterstock/Alfondo de Tomas (mapa),
    Álvaro Cabrera Jiménez